AF561516

MEDEE
TRAGEDIE.

PAR LE S[r]. CORNEILLE,

Sur l'Imprimé.

A PARIS,
Chez FRANÇOIS TARGA, au premier pillier de la grand'Salle du Palais, deuant la Chapelle, au Soleil d'or.

M. DC. XXXIX.

A MONSIEUR P. T. N. G.

ONSIEUR,

Ie vous donne Medée toute meschante qu'elle est, & ne vous diray rien pour sa iustification. Ie vous la donne pour telle que vous la voudrés prendre, sans tascher à preuenir, ou violenter vos sentiments par vn eſtalage des preceptes de l'art qui doiuent eſtre fort mal entendus, & fort mal pratiqués quand ils ne nous font pas arriuer au but que l'art ſe propoſe. Celuy de la Poëſie Dramatique eſt de plaire, & les regles qu'elle nous preſcrit ne ſont que des adreſſes pour en faciliter les moyens au Poëte, & non pas des raiſons qui puiſſent perſuader aux ſpectateurs qu'vne choſe ſoit agreable, quand elle leur deplaiſt. Icy vous trouuerez le crime en ſon char de triomphe, & peu de perſonnages ſur la Scene dont les mœurs ne ſoient plus mauuaiſes que bonnes; mais la peinture & la Poëſie ont cela de commun entre beaucoup d'autres choſes, que l'vne fait souuent de beaux pourtraits d'vne femme laide, & l'autre de belles imitations d'vne action qu'il ne faut pas imiter. Dans la pourtraiture il n'est pas question si vn visage est beau, mais s'il ressemble, & dans la Poësie il ne faut pas considerer si les mœurs sont vertueuses, mais si elles sont pareilles à celles de la personne qu'elle introduit. Aussi nous descrit elle indifferemment les bõnes & les mauuaises actions sans nous proposer les dernieres pour exemple, & si elle nous en veut faire quelque horreur, ce n'est point par leur punition qu'elle n'affecte pas de nous faire voir, mais par leur laideur qu'elle s'efforce de nous presenter au naturel. Il n'eſt pas beſoin d'aduertir icy le public que celles de cette Tragedie ne ſont pas à imiter, elles paroiſſent aſſés à deſcouuert pour n'en faire enuie à perſonne. Ie n'examine point ſi elles ſont vrayſemblables ou non, cette difficulté qui eſt la plus delicate de la Poëſie, & peut-eſtre la moins entenduë, demanderoit vn diſcours trop long pour vne Epiſtre: il me ſuffit qu'elles ſont authoriſées ou par la verité de l'hiſtoire, ou par l'opinion commune des anciens. Elles vous ont agrée autrefois ſur le Theatre, i'eſpere qu'elles vous ſatisferont encore aucunement ſur le papier, & demeure

MONSIEVR,

Voſtre tres humble ſeruiteur
CORNEILLE.

ACTEVRS.

CREON, Roy de Corinthe.
ÆGEE, Roy d'Athenes.
IASON, Mary de Medée.
POLLVX, Argonaute amy de Iaſon.
CREVSE, Fille de Creon.
MEDEE, Femme de Iaſon.
CLEONE, Gouuernante de Creuſe..
NERINE, Suiuante de Medée.
THEVDAS, Domeſtique de Creon.
TROVPE, Des gardes de Creon

La SCENE, eſt à Corinthe.

MEDEE TRAGEDIE.

ACTE PREMIER.

SCENE PREMIERE.

POLLVX, IASON.

POLLVX.

VE ie sens à la fois de surprise & de ioye!
Se peut-il faire amy qu'icy ie vous reuoye,
Que Pollux dans Corinthe ait rencontré Iason?

IASON.

Vous n'y pouuiés venir en meilleure saison,
Et pour vous rendre encor l'ame plus estonnée

Preparés vous à voir dans peu mon Hymenée.

POLLVX.

Quoy? Medée est donc morte à ce conte?

IASON.

Elle vit;
Mais vn obiet nouueau la chasse de mon lict.

POLLVX.

Dieux! & que sera t'elle?

IASON.

Et que fit Hypsipile
Que former dans son cœur vn regret inutile,
Ietter des cris en l'air me nommer inconstant?
Si bon semble à Medée, elle en peut faire autant,
Ie la quitte à regret, mais ie n'ay point d'excuse
Contre vn pouuoir plus fort qui me donne à Creüse.

POLLVX.

C'est donc là cét obiet qui vous tient enchaisné?
Sans l'entendre nommer ie l'auois deuiné,
Iason ne fit iamais de communes maistresses,
Il est né seulement pour charmer les Princesses,
Et ie croy qu'il tiendroit pour vn indigne employ
De blesser d'autres cœurs que de filles de Roy;
Hypsipile à Lemnos, sur le Phase Medée,
Et Creüse à Corinthe autant vaut possedée

Font bien voir qu'en tous lieux sans lancer d'autre dards
Les sceptres sont acquis à ses moindres regards.

IASON.

Aussi ie ne suis pas de ces amants vulgaires,
I'accommode ma flame au bien de mes affaires,
Et sous quelque climat que le sort me iettast
Ie serois amoureux par maxime d'Estat.
Nous voulant à Lemnos rafraischir dans la ville
Qu'eussions nous fait, Pollux, sans l'amour d'Hypsipyle?
Et depuis à Colchos que fit vostre Iason
Que caioler Medée & gaigner la Toison?
Alors sans mon amour qu'estoit vostre vaillance?
Eust elle du Dragon trompé la vigilance?
Ce peuple que la terre enfantoit tout armé,
Qui de nous l'eust deffait, si Iason n'eust aymé?
Maintenant qu'vn exil m'interdit ma patrie
Creüse est le suiet de mon idolatrie,
Et que pouuois-ie mieux que luy faire la Cour.
Et releuer mon sort sur les aisles d'amour?

POLLVX.

Que parlés vous d'exil? la haine de Pelie....

IASON.

Me fait tout mort qu'il est fuir de sa Thessalie.

POLLVX.

Il est mort!

IASON.

Escoutez, & vous sçaurés comment
Son trespas seul me force à cet esloignement.
Apres six ans passez depuis nostre voyage
Dans les plus grands plaisirs qu'on gouste au mariage,
Mon pere tout caduc esmouuant ma pitié
Ie coniuray Medée au nom de l'amitié.

POLLVX.

I'ay sçeu comme son art forçant les destinées
Luy rendit la vigueur de ses ieunes années,
Ce fut, s'il m'en souuient, icy que ie l'appris,
D'où soudain vn voyage en Asie entrepris
Fait que nos deux seiours diuisés par Neptune
Ie n'ay point sçeu depuis quelle est vostre fortune,
Ie n'en say qu'arriuer.

IASON.

Aprenez donc de moy
Le suiet qui m'oblige à luy manquer de foy.
Malgré l'auersion d'entre nos deux familles
Du vieux tyran Pelie elle gaigne les filles,
Et leur feint de ma part tant d'outrages receus,
Que ces foibles esprits sont aysément deceus.

Elle fait amitié, leur promet des merueilles,
Du pouuoir de son art leur remplit les oreilles,
Et pour mieux leur monstrer comme il est infiny
Leur estale sur tout mon pere raieuny.
Pour espreuue elle egorge vn Belier à leurs veuës,
Le plonge en vn bain d'eaux & a'herbes incõnues,
Luy forme vn nouueau sang auec cette liqueur,
Et luy rend d'vn Agneau la taille & la vigueur.
Les sœurs crient miracle, & chacune rauie
Conçoit pour son vieux pere vne pareille enuie,
Veut vn effet pareil, le demande & l'obtient,
Mais chacune à son but. Cependant la nuict vient,
Medée apres le coup d'vne si belle amorce
Prepare de l'eau pure & des herbes sans force,
Redouble le sommeil des gardes & du Roy,
(La suite au seul recit me fait trembler d'effroy)
A force de pitié ces filles inhumaines
De leur pere endormy vont espuiser les veines,
Et leur amour credule à grands coups de couteau
Prodigue ce vieux sang qui fait place au nouueau.
Le coup le plus mortel s'impute à grand seruice,
On nomme pieté ce cruel sacrifice,
Et l'amour paternel qui fait agir leurs bras
Croiroit cõmettre vn crime à n'en commettre pas.
Medée est eloquente à leur donner courage,
Chacune toutefois tourne ailleurs son visage,
Et refusant ses yeux à conduire sa main
N'ose voir les effets de son pieux dessein.

POLLVX.

A me repreſenter ce tragique ſpectacle
Qui fait vn paricide & promet vn miracle,
I'ay de l'horreur moy meſme, & ne puis conceuoir
Qu'vn eſprit iuſque là ſe laiſſe deceuoir.

IASON.

Ainſi mon pere Aeſon recouura ſa ieuneſſe,
Mais oyez le ſurplus. Ce grand courage ceſſe,
L'eſpouuente les prend & Medée s'enfuit,
Le iour deſcouure à tous les crimes de la nuit,
Et pour vous eſpargner vn diſcours inutile,
Acaſte nouueau Roy fait mutiner la ville,
Nomme Iaſon l'autheur de cette trahiſon,
Et pour vanger ſon pere aſſiege ma maiſon.
Mais i'eſtois deſia loin auſſi bien que Medée:
Et ma famille enfin à Corinthe abordée,
Nous ſalüons Creon, dont la benignité
Nous promet contre Acaſte vn lieu de ſeureté.
Que vous diray-ie plus ? mon bon-heur ordinaire
M'acquiert les volontés de la fille & du pere
Si bien que de tous deux eſgalement chery,
L'vn me veut pour ſon gẽdre, & l'autre pour mary.
D'vn riual couronné les grandeurs ſouueraines;
La Maieſté d'Aegée, & le ſceptre d'Athenes,
N'ont rien à leur aduis de comparable à moy,
Et banny que ie ſuis, ie leur ſuis plus qu'vn Roy.

L'vn & l'autre pourtant de honte dißimule,
Et bien que pour Creüse vn pareil feu me brusle
D'vn deuoir coniugal ie combats mon amour,
Et ie ne l'entretiens que pour faire ma Cour.
Acaste cependant menace d'vne guerre
Qui doit perdre Creon, & despeupler sa terre;
Puis changeant tout à coup ses resolutions.
Il propose la paix sous des conditions.
Il demande d'abord, & Iason, & Medée,
On luy refuse l'vn, & l'autre est accordée,
Ie l'empesche, on debat, & ie fais tellement
Qu'en fin il se reduit à son bannissement:
De nouueau ie l'empesche, & Creon me refuse,
Et pour m'en consoler il m'offre sa Creüse,
Qu'eussay-ie fait, Pollux, en cette extremité
Qui commettoit ma vie auec ma loyauté,
Car sans doute à quitter l'vtile pour l'honneste
La paix s'en alloit faite aux despens de ma teste,
Ce mespris insolent des offres d'vn grand Roy
Liuroit aux mains d'Acaste & ma Medée & moy.
Ie l'eusse fait pourtant si ie n'eusse esté pere,
L'amour de mes enfans m'a fait l'ame legere,
Ma perte estoit la leur, & cet Hymen nouueau
Auec Medée & moy les tire du tombeau,
Eux seuls m'ont fait resoudre, & la paix s'est concluë.

POLLVX.

Bien que de tous costez l'affaire resoluë
Ne laisse aucune place aux conseils d'vn amy,
Ie ne puis toutesfois l'approuuer qu'à demy.
Surquoy que vous fondiez vn traitement si rude,
C'est tousiours vers Medée vn peu d'ingratitude,
Ce qu'elle a fait pour vous est mal recompensé,
Il faut craindre apres tout son courage offensé,
Vous sçauez mieux que moy ce que peuuent ses
charmes.

IASON.

Ce sont à sa fureur d'espouuentables armes,
Mais son bannissement nous en va garantir.

POLLVX.

Gardez d'auoir subiet de vous en repentir.

IASON.

Quoy qu'il puisse arriuer, amy, c'est chose faite.

POLLVX.

La termine le Ciel comme ie le souhaite,
Permettez cependant qu'afin de m'acquiter
I'aille trouuer le Roy pour l'en feliciter.

IASON.

Ie vous y conduirois, mais i'attends ma Princesse
Qui

Qui va sortir du Temple.

POLLVX.

Adieu, l'amour vous presse,
Et ie serois marry qu'vn soing officieux
Vous fist perdre pour moy des temps si precieux.

IASON seul.

Depuis que mon esprit est capable de flame
Iamais vn trouble esgal ne confondit mon ame.
Mon cœur qui se partage en deux affections
Se laisse deschirer à mille passions.
Ie doibs tout a Medée, & ie ne puis sans honte
Et d'elle & de ma foy tenir si peu de conte:
Ie doibs tout à Creon, & d'vn si puissant Roy
I'en fais vn ennemy si ie garde ma foy.
I'ay regret à Medée, & i'adore Crëuse,
Ie voy mon crime en l'vne, en l'autre mon excuse,
Et dessus mon regret mes desirs triomphants
Ont encor le secours du soin de mes enfans.
Mais la voicy qui vient, l'esclat d'vn tel visage
Du plus constant du monde attireroit l'hommage,
Et semble reprocher à ma fidelité
D'auoir osé tenir contre tant de beauté.

SCENE DEVXIESME.

IASON, CREVSE.

IASON.

Ve vos deuotions d'vne longue souffrance
Gesnent vn pauure amant qui meurt en vostre absence!

CREVSE.

Ie n'auois pourtant rien à demander aux Dieux,
Ayant Iason à moy, i'ay tout ce que ie veux.

IASON.

Et moy puis-ie esperer l'effet d'vne priere
Que ma flame tiendroit à faueur singuliere,
Au nom de nostre amour sauués deux ieunes fruits,
Que d'vn premier Hymen la couche ma produits,
Employés vous pour eux faites enuers vn pere

Qu'ils ne soient point compris en l'exil de leur mere,
C'est luy seul qui bannit ces petits malheureux,
Puis que dans les traités il n'est point parlé d'eux.

CREVSE.

I'auois desia pitié de leur tendre innocence,
Et vous y seruiray de toute ma puissance,
Pourueu qu'à vostre tour vous m'accordiés vn point
Que iusques à tantost ie ne vous diray point.

IASON.

Dites, & quel qu'il soit, que ma Reine en dispose.

CREVSE.

Si ie puis sur mon pere obtenir quelque chose,
Vous le sçaurés apres, ie ne veux rien pour rien.

CLEONE.

Vous pourrés au Palais suiure cet entretien,
On ouure chez Medée, ostez vous de sa veuë,
Vos presences rendroient sa douleur plus esmeuë,
Et vous seriez marris que cét esprit ialoux
Meslast son amertume à des plaisirs si doux.

SCENE TROISIESME.

MEDEE.

Ouuerains protecteurs des loix de l'Hymenée,
Dieux garands de la foy que Iason m'a donnée,
Vous qu'il prist à tesmoins d'vne immortelle ardeur,
Quād par vn faux serment il vainquit ma pudeur,
Voyés de quel mespris vous traitte son pariure,
Et m'aydés à vanger cette commune iniure,
S'il me peut auiourd'huy chasser impunement,
Vous estes sans pouuoir, ou sans ressentiment.
Et vous, troupe sçauante en mille barbaries,
Filles de l'Acheron, Pestes, Larues, Furies,
Noires Sœurs, si iamais nostre commerce estroit
Sur vous & vos serpents me donna quelque droit,
Sortés de vos cachots auec les mesmes flames
Et les mesmes tourmens dont vous gesnés les ames.
Laissez les quelque temps reposer dans leurs fers,
Pour mieux agir pour moy faites tréue aux enfers.
Et m'apportés du fonds des antres de Megere

La mort de ma riuale & celle de son pere,
Et si vous ne voulez mal seruir mon courroux
Quelque chose de pis pour mon perfide espoux.
Qu'il coure vagabond de Prouince en Prouince,
Qu'il face laschement la Cour à chaque Prince,
Banny de tous costez, sans biens, & sans appuy
Accablé de frayeur, de misere, d'ennuy,
Qu'à ses plus grands malheurs aucun ne cõpatisse,
Qu'il ait regret à moy pour son dernier supplice,
Et que mon souuenir iusques dans le tombeau
Attache à son esprit vn eternel bourreau.
Iason me repudie! & qui l'auroit peu croire?
S'il a manque d'amour manque t'il de memoire?
Me peut il bien quitter apres tant de bien-faits?
M'ose t'il bien quitter apres tant de forfaits?
Sçachant ce que ie puis, ayant veu ce que i'ose,
Croit-il que m'offencer ce soit si peu de chose?
Quoy? mon pere trahy, les elements forcés,
D'vn frere dans la mer les membres dispersés,
Luy font-il presumer mon audace espuisée?
Luy font-il presumer que ma puissance vsée,
Ma rage contre luy n'ait par ou s'assouuir,
Et que tout mon pouuoir se borne à le seruir?
Tu t'abuses Iason, ie suis encor moy mesme,
Tout ce qu'en ta faueur fit mon amour extreme
Ie le feray par haine, & ie veux pour le moins
Qu'vn forfait nous separe ainsi qu'il nous a ioints;
Que mon sanglant diuorce en meurtres, en carnage,

S'esgale aux premiers iours de nostre mariage,
Et que nostre vnion que rompt ton changement
Trouue vne fin pareille à son commencement.
Deschirer par morceaux l'enfãt aux yeux du pere,
N'est que le moindre effet qui suiura ma cholere.
Des crimes si legers furent mes coups d'essay,
Il faut bien autrement monstrer ce que ie sçay,
Il faut faire vn chef-d'œuure, & qu'vn dernier ouurage
Surpasse de bien loing ce foible apprentissage.
Mais pour executer tout ce que i'entreprends
Quels Dieux me fournirõt des secours assez grãds?
Ce n'est plus vous, Enfers, qu'icy ie sollicite,
Vos feux sont impuissants pour ce que ie medite:
Autheur de ma naissance, aussi bien que du iour
Qu'à regret tu departs à ce fatal seiour,
Soleil, qui vois l'affront qu'on va faire à ta race
Donne moy tes cheuaux à conduire en ta place,
Accorde cette grace à mon desir bouillant,
Ie veux choir sur Corinthe auec ton char bruslant.
Mais ne crains pas de cheute à l'vniuers funeste,
Corinthe consumée affranchira le reste,
Mon erreur volontaire aiustée à mes veux
Arrestera sur elle vn deluge de feux,
Creon en est le Prince, & prẽd Iason pour gendre,
Il faut l'enseuelir dessous sa propre cendre,
Et brusler son pays, si bien qu'à l'aduenir
L'Isthme n'empesche plus les deux mers de s'vnir.

SCENE QVATRIESME.

MEDEE, NERINE.

MEDEE.

T bien, Nerine, à quand, à quand cét Hymenée?
En ont il choisy l'heure? en sçais tu la iournée?
N'en as tu rien appris? n'as tu point veu Iason?
N'apprehende t'il rien apres sa trahison?
Croit-il qu'en cet affrōt ie m'amuse à me plaindre?
S'il cesse de m'aymer, qu'il commence à me craindre,
Il verra, le perfide, à quel comble d'horreur
De mes ressentimens peut monter la fureur.

NERINE.

Moderez les boüillons de cette violence,
Et laissez deguiser vos douleurs au silence,
Quoy, Madame! est-ce ainsi qu'il faut dissimuler:

Et faut il perdre ainsi les menaces en l'air?
Les plus ardents transports d'vne haine cognuë
Ne sont qu'autant d'esclairs auortés dans la nuë,
Qu'autant d'aduis à ceux que vous voulez punir
Pour repousser vos coups, ou pour les preuenir.
Qui peut sans s'emouuoir supporter vne offence,
Peut mieux prendre à son point le temps de sa vangeance,
Et sa feinte douceur soubs vn appas mortel,
Méne insensiblement sa victime à l'autel.

MEDEE.

Tu veux que ie me taise, & que ie dissimule!
Nerine porte ailleurs ce conseil ridicule,
L'ame en est incapable en de moindres malheurs,
Et n'a point ou cacher de si grandes douleurs.
Iason m'a fait trahir mon pays & mon pere,
Et me laisse au milieu d'vne terre estrangere,
Sans support, sans amis, sans retraite, sans bien,
La fable de son peuple, & la haine du mien,
Nerine, apres cela, tu veux que ie me taise!
Ne dois-ie point encor en tesmoigner de l'aise,
De ce Royal Hymen souhaiter l'heureux iour,
Et m'offrir pour seruante à son nouuel amour?

NERINE.

Madame, pensés mieux à l'esclat que vous faites,
Quelque iuste qu'il soit, regardez où vous estes,

Et songez qu'à grand peine vn esprit plus remis
Vous tient en seureté parmy vos ennemis.

MEDEE.

L'ame doibt se roidir plus elle est menacée,
Et contre la fortune aller teste baissée,
La choquer hardiment, & sans craindre la mort
Se presenter de front a son plus rude effort,
Cette lasche ennemie a peur des grands courages,
Et sur ceux qu'elle abat redouble ses outrages.

NERINE.

Que sert ce grand courage où l'on est sans pouuoir?

MEDEE.

Il trouue tousiours lieu de se faire valoir.

NERINE:

Forcés l'aueuglement dont vous estes seduite
Pour voir en quel estat le sort vous a reduite;
Vostre pays vous hait, vostre espoux est sans foy,
Dans vn si grand reuers que vous reste t'il?

MEDEE.

Moy,
Moy dis-ie, & c'est assez.

NERINE.

Quoy? vous seule, Madame?

MEDEE.

Ouy tu vois en moy seule, & le fer, & la flame,
Et la terre, & la mer, & l'Enfer, & les Cieux,
Et le sceptre des Rois, & le foudre des Dieux.

NERINE.

L'impetueuse ardeur d'vn courage sensible
A vos ressentiments figure tout poßible,
Mais il faut craindre vn Roy fort de tãt de sujets.

MEDEE.

Mon pere qui l'estoit rompit-il mes proiets?

NERINE.

Non, mais il fut surpris, & Creon se deffie.
Fuyés, qu'à ses soupçons il ne vous sacrifie.

MEDEE.

Las! ie n'ay que trop fuy, cette infidelité
D'vn iuste chastiment punit ma lascheté:
Si ie n'eusse point fuy pour la mort de Pelie,
Si i'eusse tenu bon dedans la Thessalie,
Il n'eust point veu Creuse, & cet obiet nouueau
N'eust point de nos amours estouffé le flambeau.

NERINE.

Fuyez encor de grace.

MEDEE.

Ouy, ie fuyray Nerine,
Mais auant de Creon on verra la ruine.
Ie braue la fortune, & toute sa rigueur
En m'ostant vn mary ne m'oste pas le cœur,
Sois seulement fidelle, & sans te mettre en peine
Laisse agir plainement mon sçauoir, & ma haine.

NERINE.

Madame. Elle s'enfuit au lieu de m'écouter,
Ces violens transports la vont precipiter,
Elle court à sa perte, & sa brutale enuie
Luy fait abandonner le soucy de sa vie,
Taschons encor vn coup d'en diuertir le cours,
Appaiser sa fureur c'est conseruer ses iours.

ACTE II.

SCENE PREMIERE.

MEDEE, NERINE.

NERINE.

Ien qu'vn peril certain ſuiue voſtre entrepriſe,
Aſſeurez vous ſur moy, ie vous ſuis toute acquiſe,
Employez mon ſeruice aux flames, au poiſon,
Ie ne refuſe rien, mais eſpargnez Iaſon,
Voſtre aueugle vangeance vne fois aſſouuie
Le regret de ſa mort vous couſteroit la vie,
Et les coups violens d'vn rigoureux ennuy.

MEDEE.

Ceſſe de m'en parler, & ne crains rien pour luy,
Ma fureur iuſque là n'oſeroit me ſeduire,
Iaſon m'a trop couſté pour le vouloir deſtruire,

Mon courroux luy fait grace, & tout leger qu'il est,
Nostre premiere ardeur soustient son interest:
Ie croy qu'il m'ayme encore & qu'il nourrit en l'ame
Quelques restes secrets d'vne si belle flame,
Il ne fait qu'obeïr aux volontez d'vn Roy
Qui l'arrache à Medée en despit de sa foy,
Qu'il viue, & s'il se peut que l'ingrat me demeure;
Sinon, ce m'est assez que sa Creüse meure:
Qu'il viue cependant, & iouysse du iour
Que luy conserue encor mon immuable amour.
Creon seul, & sa fille ont fait la perfidie,
Eux seuls termineront toute la Tragedie,
Leur perte acheuera cette fatale paix.

NERINE.

Contenés vous Madame, il sort de son Palais.

SCENE DEVXIESME.

CREON, MEDEE, NERINE, SOLDATS.

CREON.

Voy ! ie te vois encor! auec quelle impudence
Peux-tu ſans t'effrayer ſouſtenir ma preſence?
Ignores-tu l'arreſt de ton banniſſement?
Fais-tu ſi peu de cas de mon commandement?
Voyez comme elle s'enfle & d'orgueil & d'audace,
Ses yeux ne ſont que feu, ſes regards que menace,
Gardes, empeſchez la de s'approcher de moy.
Va, purge mes Eſtats d'vn tel monſtre que toy
Deliure mes ſuiets, & moy meſme de crainte.

MEDEE.

Dequoy m'accuſe-t'on? quel crime, quelle plainte
Vous porte à me chaſſer auecque tant d'ardeur?

CREON.

Ah l'innocence mesme, & la mesme candeur!
Medée est vn miroir de vertu signalée,
Quelle inhumanité de l'auoir exilée!
Barbare as tu si tost oublié tant d'horreurs?
Repasse tes forfaits auecque tes erreurs,
Et de tant pays nomme quelque contrée
Dont tes meschancetez te promettent l'entrée.
Toute la Thessalie en armes te poursuit,
Ton pere te deteste, & l'vniuers te fuit.
Me doisie en ta faueur charger de tant de haines,
Et sur mon peuple & moy faire tomber tes peines?
Va pratiquer ailleurs tes noires actions,
I'ay rachepté la paix à ces conditions.

MEDEE.

Lasche paix, qu'entre vous sans m'auoir escoûtée
Pour m'arracher mon bien vous auez complotée,
Paix, dont le deshonneur nous demeure eternel.
Quiconque sans l'ouyr condamne vn criminel,
Bien qu'il eust mille fois merité son supplice,
D'vn iuste chastiment il fait vne iniustice.

CREON.

Au regard de Pelie, il fut bien mieux traité,
Auant que l'egorger tu l'auois escouté?

MEDEE.

Escouta-t'il Iason quand sa haine couuerte
L'enuoya sur nos bords se liurer à sa perte,
Car comment voulez vous que ie nomme vn dessein
Au dessus de sa force & du pouuoir humain?
Apprenez quelle estoit cette illustre conqueste,
Et de combien de morts i'ay garanty sa teste.
Il falloit mettre au ioug deux Taureaux furieux,
Des tourbillons de feu s'eslançoient de leurs yeux,
Et leur maistre Vulcain poussoit par leur haleine
Vn long embrazement dessus toute la pleine
Eux domptez, on entroit en de noueaux hazards,
Il falloit labourer les tristes champs de Mars,
Et des dents d'vn serpent ensemencer leur terre
Dont la sterilité fertile pour la guerre
Produisoit à l'instant des escadrons armés?
Contre le laboureur qui les auoit semés,
Mais quoy qu'eust fait contre eux vne valeur parfaite
La toison n'estoit pas au bout de leur deffaite:
Vn Dragon enyuré des plus mortels poisons
Qu'enfantent les pechez de toutes les saisons,
Vomissant mille traits de sa gueule enflammée,
La gardoit beaucoup mieux que toute cette armée.
Iamais Estoile, Lune, Aurore, ny Soleil.
Ne virent abaisser sa paupiere au sommeil.
Ie l'ay seule assoupy, seule i'ay par mes charmes

Mis au

Mis au ioug les Taureaux, & deffait les Gensdarmes.
Si lors à mes deuoirs mon desir limité
Eust conserué ma bonte & ma fidelité,
Si i'eusse eu de l'horreur de tant d'enormes fautes,
Que deuenoit Iason & tous vos Argonautes?
Sans moy ce vaillant chef que vous m'auez rauy
Fust pery le premier & tous l'auroient suiuy.
Ie ne me repends point d'auoir par mon adresse
Sauué le sang des Dieux, & la fleur de la Grece,
Zethez, & Calais, & Pollux, & Castor,
Et le charmant Orphée, & le sage Nestor,
Tous vos Heros enfin tiennent de moy la vie,
Ie vous les verray tous posseder sans enuie,
Ie vous les ay sauués, ie vous les cede tous,
Ie n'en veux qu'vn pour moy, n'en soyez point ialoux,
Pour de si bons effets laissez moy l'infidelle,
Il est mon crime seul si ie suis criminelle,
Aymer cet inconstant c'est tout ce que i'ay fait.
Si vous me punissez, rendez moy mon forfait,
Est-ce vser comme il faut d'vn pouuoir legitime
De me faire coupable & iouyr de mon crime?

CREON.

Va te plaindre à Colchos.

MEDEE.

Le retour m'y plaira,

Que Iason m'y remette ainsi qu'il m'en tira,
Ie suis preste à partir sous la mesme conduite
Qui de ces lieux aymez precipita ma fuite.
O d'vn iniuste affront les coups les plus cruels!
Vous faites difference entre deux criminels,
Vous voulez qu'on l'honore, & que de deux complices
L'vn ait vostre Couronne, & l'autre des supplices.

CREON.

Cesse de plus mesler ton interest au sien,
Ton Iason pris à part est trop homme de bien,
Le separant de toy sa deffense est facile:
Iamais il n'a trahy son pere, ny sa ville,
Iamais sang innocent n'a fait rougir ses mains,
Iamais il n'a presté sa lame à tes desseins,
Son crime, s'il en a, c'est de t'auoir pour femme,
Laisse le s'affranchir d'vne honteuse flame,
Rends luy son innocence en t'esloignant d'icy,
Emporte auecque toy son crime & mon soucy,
Tes herbes, tes poisons, ton cœur impitoyable,
Tout ce qui me fait craindre, & rend Iason coupable.

MEDEE.

Peignés mes actions plus noires que la nuict,
Ie n'en ay que la honte, il en a tout le fruict.
C'est à son interest que ma sçauante audace
Immola son tyran par les mains de sa race,

Ioignés y mon pays, & mon frere, il suffit
Qu'aucun de tant de maux ne va qu'à son profit.
Mais vous les sçauiés tous quand vous m'auez receuë,
Vostre simplicité n'a point esté deceuë,
En ignoriés vous vn quand vous m'auez promis
Vn rempart asseuré contre mes ennemis?
Ma main seignoit encor du meurtre de Pelie,
Quand dessous vostre foy vous m'auez recueillie,
Et vostre cœur sensible à la compassion
Malgré tous mes forfaits prist ma protection.
Si l'on me peut depuis imputer quelque crime,
C'est trop peu que l'exil, ma mort est legitime:
Sinon, à quel propos me traitez vous ainsi?
Ie suis coupable ailleurs, mais innocente icy.

CREON.

Ie ne veux plus icy d'vne telle innocence,
Ny souffrir en ma Cour ta fatale presence.
Va....

MEDEE.

Dieux, iustes vangeurs!

CREON.

Va, disie, en d'autres lieux
Par tes cris importuns solliciter les Dieux.
Laisse nous tes enfans, ie serois trop seuere
Si ie les punissois des crimes de leur mere,

Et bien que ie le peusse auec iuste raison
Ma fille les demande en faueur de Iason.

MEDEE.

Barbare humanité qui m'arrache à moy mesme,
Et feint de la douceur pour m'oster ce que i'ayme!
Si Creuse & Iason ainsi l'ont ordonné,
Qu'ils me rendent le sang que ie leur ay donné.

CREON.

Ne me replique plus, suy la loy qui t'est faite,
Prepare ton depart, & pense à ta retraite,
Pour en deliberer, & choisir le quartier,
De grace ma bonté te donne vn iour entier.

MEDEE.

Quelle grace!

CREON.

Soldats, remettez là chez elle,
Sa contestation se rendroit eternelle.
Quel indomptable esprit! quel arrogant maintien
Accompagnoit l'orgueil d'vn si long entretien!
A t'elle rien flechy de son humeur altiere?
A t'elle peu descendre à la moindre priere?
Et le sacré respect de ma condition
En a t'il arraché quelque soubmission?

SCENE TROISIESME.

CREON, IASON, CREVSE, CLEONE, SOLDATS.

CREON.

Te voila sans riuale & mon pays sans guerre,
Ma fille, c'est demain qu'elle sort de ma terre.
Nous n'auons desormais que craindre de sa part,
Acaste est satisfait d'vn si proche depart,
Et si tu peux calmer le courage d'Aegée
Qui voit par nostre choix son ardeur negligée
Fais estat que demain nous asseure à iamais
Et dedans & dehors vne profonde paix.

CREVSE.

Ie ne croy pas, Monsieur, que ce vieux Roy d'Athenes
Voyant aux mains d'autruy le fruit de tant de peines,
Mesle tant de foiblesse à son ressentiment,
Que ses premiers boüillons s'appaisent aisement.

I'espere toutefois qu'auec vn peu d'adresse
Ie pourray le resoudre à perdre vne maistresse,
Dont l'aage peu sortable, & l'inclination
Respondroient assez mal à son affection.

IASON.

Il doibt vous tesmoigner par son obeissance
Combien sur son esprit vous auez de puissance,
Et si dans sa colere il demeuroit entier,
Ma Princesse, en tout cas nous sommes du mestier,
Et nos preparatifs contre la Thessalie
Ne sont que trop bastans à ranger sa folie.

CREON.

Nous n'en viendrons pas là, regarde seulement
A le payer d'estime & de remerciment.
Ie voudrois pour tout autre vn peu de raillerie,
Vn vieillard amoureux merite qu'on en rie:
Mais on ne traite point les Roys auec mespris,
On leur doibt du respect quoy qu'ils ayent entrepris.
Remets, si tu le veux, sur moy toute l'affaire,
Quelques raisons d'Estat le pourront satisfaire,
Et pour m'y preparer plus de facilité
Sur tout ne le reçoy qu'auec ciuilité.

SCENE QVATRIESME.

IASON, CREVSE, CLEONE.

IASON.

Ve ne vous doisie point pour cette preference
Ou mes desirs n'osoient porter mon esperance?
C'est bien me tesmoigner vn amour infiny
De mespriser vn Roy pour vn pauure banny.
A toutes ses grandeurs preferer ma misere!
Tourner en ma faueur les volontez d'vn pere!
Garantir mes enfans d'vn exil rigoureux!

CREVSE.

Qu'à peu faire de moindre vn courage amoureux?
La fortune a monstré dedans vostre naissance
Vn trait de son enuie, ou de son impuissance,
Elle deuoit vn sceptre au sang dont vous naissez,

Et sans luy vos vertus le meritoient assez.
L'amour qui n'a peu voir vne telle iniustice
Supplée à son defaut, ou punit sa malice,
Et vous donne au plus fort de vos aduersitez
Le sceptre que i'attends, & que vous meritez.
La gloire m'en demeure, & les races futures
Contant nostre Hymenée entre vos aduantures,
Vanteront à iamais mon amour genereux,
Qui d'vn si grād Heros rompt le sort malheureux.
Aprés tout cependant riés de ma foiblesse,
Preste de posseder le Phenix de la Grece,
La fleur de nos guerriers, le sang de tāt de Dieux,
La robbe de Medée a donné dans mes yeux,
Mon caprice à son lustre attachant mon enuie
Sans elle trouue à dire au bonheur de ma vie,
C'est ce qu'ont pretendu mes desseins releuez
Pour le prix des enfans que ie vous ay sauuez.

IASON.

Que ce prix est leger pour vn si bon office!
Il y faut toutefois employer l'artifice,
Ma ialouse en fureur n'est pas femme à souffrir
Qu'on la prenne en ses mains afin de vous l'offrir,
Des tresors dont son pere espuisa la Scythie
C'est tout ce qu'elle a pris quand elle en est sortie.

CREVSE.

Qu'elle a fait vn beau choix! iamais esclat pareil
Ne sema

Ne sema dans la nuit les clartés du Soleil?
Les perles auec l'or confusement meslées,
Mille pierres de prix sur ses bords estalées
D'vn meslange diuin esblouissent les yeux,
Iamais rien d'approchant ne se fit en ces lieux;
Pour moy tout aussitost que ie l'en vis parée
Ie ne fis plus d'estat de la toison dorée,
Et deussiez vous vous mesme en estre vn peu ialoux,
I'en eus presques enuie aussi tost que de vous.
Pour appaiser Medée & reparer sa perte,
L'espargne de mon pere entierement ouuerte
Luy met à l'abandon tous les tresors du Roy,
Pourueu que cette robbe, & Iason soient à moy.

IASON.

N'en doutés point ma Reine, elle vous est acquise,
Ie vay chercher Nerine, & par son entremise
Obtenir de Medée auec dexterité
Ce que refuseroit son courage irrité.
Pour elle, vous sçauez que ie fuy ses aproches,
Ie ne m'expose point à ses vaines reproches,
Et ie me cognois mal, ou dans nostre entretien
Son couroux s'allumant allumeroit le mien.
Ie n'ay point vn esprit complaisant à sa rage
Iusques à supporter sans replique vn outrage,
Or iugez à quel point iroient mes desplaisirs
De reculer par là l'effet de vos desirs.

Mais ſans plus de diſcours d'vne maiſon voiſine
Ie vay prendre le temps que ſortira Nerine,
Souffrez pour auancer voſtre contentement
Que malgré voſtre amour ie vous quitte vn moment.

CLEONE.

Madame, i'apperçoy venir le Roy d'Athenes.

CREVSE.

Allez donc, voſtre veuë augmenteroit ſes peines.

CLEONE.

Souuenez vous de l'air dont il le faut traiter.

CREVSE.

Ma bouche accortement ſçaura s'en acquiter.

SCENE CINQVIESME.

ÆGEE, CREVSE, CLEONE.

ÆGEE.

SVr vn bruit qui m'estonne & que ie ne puis croire
Madame, mon amour ialoux de vostre gloire
Vient sçauoir s'il est vray que vous soyez d'accord
Par ce honteux Hymen de l'arrest de ma mort.
Vostre peuple en fremit, vostre Cour en murmure,
Et tout Corinthe en fin s'impute à grande iniure,
Qu'vn fugitif, vn traistre, vn meurtrier de Rois,
Luy donne à l'auenir des Princes & des loix.
Il ne peut endurer que l'horreur de la Grece
Pour prix de ses forfaits espouse sa Princesse,
Et qu'il faille adiouster à vos tiltres d'honneur,
Femme d'vn assassin, & d'vn empoisonneur.

CREVSE.

Laissez agir, grand Roy, la raison sur vostre ame,
Et ne le chargez point des crimes de sa femme.
I'espouse vn malheureux, & mon pere y consent,
Mais Prince, mais vaillant, & sur tout innocent.
Non pas que ie ne faille en cette preference,
De vostre rang au sien ie sçay la difference;
Mais si vous cognoissez l'amour, & ses ardeurs,
Iamais pour son obiet il ne prend les grandeurs,
Aduouez que son feu n'en veut qu'à la personne,
Et qu'en moy vous n'aymiez rien moins que ma Couronne.
Souuent ie ne sçay quoy qu'on ne peut exprimer
Nous surprend, nous emporte, & nous force d'aymer,
Et souuent sans raison les obiets de nos flames
Frappent nos yeux ensemble, & saisissent nos ames.
Ainsi nous auons veu le souuerain des Dieux
Au mespris de Iunon aymer en ces bas lieux,
Venus quitter son Mars, & negliger sa prise,
Tantost pour Adonis, & tantost pour Anchise,
Et c'est peut-estre encor auec moins de raison
Que bien que vous m'aymiez ie me donne à Iason.
D'abord dans mon esprit vous eustes ce partage,
Ie vous estimay plus, & l'aymay d'auantage.

ÆGEE.

Gardez ces compliments pour de moins enflamés,
Et ne m'estimez point qu'autãt que vous m'aimés.
Que me sert cét adueu d'vne erreur volontaire?
Si vous croyez faillir, qui vous force à le faire?
N'accusez point l'amour ny son aueuglement,
Quand on cognoist sa faute on peche doublement.

CREVSE.

Puis donc que vous trouués ma faute inexcusable,
Ie ne veux plus, Monsieur, me confesser coupable.
L'amour de mon pays & le bien de l'Estat
Me deffendoient l'Hymen d'vn si grand Potentat.
Il m'eust fallu soudain vous suiure en vos Prouinces,
Et priuer mes suiets de l'aspect de leurs Princes.
Vostre sceptre pour moy n'est qu'vn pompeux exil;
Que me sert son esclat, & que me donne-t'il?
M'esleue t'il d'vn rang plus haut que souueraine?
Et sans le posseder suis-ie pas desia Reine?
Graces aux immortels dans ma condition
I'ay dequoy m'assouuir de cette ambition,
Ie ne veux point changer mon sceptre contre vn autre,
Ie perdrois ma Couronne en acceptant la vostre,
Corinthe est bon suiet, mais il veut voir son Roy,
Et d'vn Prince esloigné reietteroit la loy,

Ioignez à ces raisons qu'vn pere vn peu sur l'âge,
Dont ma seule presence adoucit le vesuage,
Ne sçauroit se resoudre à separer de luy
De ses debiles ans l'esperance, & l'appuy,
Et vous recognoistrés que ie ne vous prefere:
Que le bien de l'Estat, mon pays, & mon pere.

ÆGEE.

Puis que mon mauuais sort à ce point me reduit,
Qu'au lieu de me seruir ma Couronne me nuit:
Pour diuertir l'effet de ce funeste oracle,
Ie dépose à vos pieds ce precieux obstacle.
Madame, à mes suiets donnez vn autre Roy,
De tout ce que ie suis ne retenez que moy,
Allez Sceptre, Grandeurs, Maiesté, Diadéme,
Vostre odieux esclat desplaist à ce que i'ayme,
Ie hay ce nom de Roy qui s'oppose à mes vœux,
Et le tiltre d'esclaue est le seul que je veux.

CREVSE.

Sans plus vous emporter à cette complaisance
Perdez mon souuenir auecque ma presence,
Et puis que mes raisons ont si peu de pouuoir
Que vostre emotion se redouble à me voir,
Afin de redonner le repos à vostre ame,
Souffrez que ie vous quitte.

ÆGEE seul.

Allez, allez, Madame,

Estaler vos appas, & vanter vos mespris
A l'infame sorcier qui charme vos esprits.
De cette indignité faites vn mauuais conte;
Riez de mon ardeur, riez de vostre honte.
Fauorisez celuy de tous vos Courtisans
Qui raillera le mieux le declin de mes ans.
Vous iouyrez fort peu d'vne telle insolence,
Mon amour outragé court à la violence.
Mes vaisseaux à la rade assez proche du port
N'ont que trop de soldats à faire vn coup d'effort,
La ieunesse me manque & non pas le courage,
Les Rois ne perdent point les forces auec l'aage,
Et l'on verra peut estre auant ce iour finy
Ma passion vangée & vostre orgueil puny.

ACTE III.

SCENE PREMIERE.

NERINE.

Alheureux instrument du malheur qui nous presse,
Que i'ay pitié de toy, deplorable Princesse!
Auant que le soleil ait fait encore vn tour
Ta perte ineuitable acheue ton amour.
Ton destin te trahit, & ta beauté fatale
Sous l'appas d'vn Hymen t'expose à ta riuale,
Ton sceptre est impuissant à vaincre son effort,
Et le iour de sa fuite est celuy de ta mort.
Celle qui de son fils saoula le Roy de Thrace
Eut biẽ moins que Medée & de rage & d'audace.
Seule esgale à soy mesme en sa vaste fureur
Ses proiects les plus doux me sõt trẽbler d'horreur,

Sa van-

Sa vangeance à la main elle n'a qu'à resoudre,
Vn mot du haut des Cieux fait descendre la foudre,
Les mers pour noyer tout n'attendent que sa loy,
La terre offre à s'ouurir sous le Palais du Roy,
L'air tient les vents tous prests à suiure sa colere,
Tant la nature esclaue a peur de luy desplaire:
Et si ce n'est assez de tous les Elements,
Les Enfers vont sortir à ses commandements.
Moy, bien que mon deuoir m'attache à son seruice,
Ie luy preste à regret vn silence complice,
D'vn louable desir mon cœur sollicité:
Luy feroit auec ioye vne infidelité:
Mais loing de s'arrester sa rage decouuerte
A celle de Crëuse adiousteroit ma perte,
Et mon funeste aduis ne seruiroit de rien
Qu'à confondre mon sang dans les boüillons du sien.
D'vn mouuement contraire à celuy de mon ame
La crainte de la mort m'oste celle du blasme,
Ma peur me fait fidelle & tasche d'auancer
Les desseins que ie veux & n'ose trauerser.

SCENE QVATRIESME.

IASON, NERINE.

IASON.

Erine, & bien que fait, nostre pauure exilée?
Tes sages entretiens l'ont ils point consolée?
Ne peut elle ceder à la necessité?

NERINE.

Elle a bien refroidy son animosité.
De moment en moment son ame plus humaine,
Abaisse sa colere, & rabat de sa haine,
Desia son desplaisir ne vous veut plus de mal.

IASON.

Fay luy prendre pour tous vn sentiment esgal.
Toy qui de mon amour cognoissois la tendresse,
Tu peux cognoistre aussi quelle douleur me presse,

Ie me ſens deſchirer le cœur à ſon depart;
Crëuſe en ſes malheurs prend meſme quelque part,
Ses pleurs en ont coulé, Creon meſme en ſouſpire,
Luy prefere à regret le bien de ſon Empire,
Et ſi dans ſon Adieu ſon cœur moins irrité
Pouuoit laiſſer agir ſa liberalité,
Si iuſques là Medée appaiſoit ſes menaces
Quelle vouluſt partir auec ſes bonnes graces,
Ie ſçay (comme il eſt bon) que ſes treſors ouuerts
Luy ſeroient ſans reſerue entierement offerts,
Et malgré les malheurs ou le ſort la reduite
Soulageroient ſa peine, & ſouſtiendroient ſa fuite.

NERINE.

Puis qu'il faut ſe reſoudre a ce banniſſement
Il faut en adoucir le meſcontentement,
Cette offre y peut ſeruir, & par elle i'eſpere
Auec vn peu d'adreſſe appaiſer ſa colere.
Mais d'ailleurs toutefois, n'attendez rien de moy
S'il faut prendre congé de Crëuſe & du Roy
L'obiet de voſtre amour, & de ſa ialouſie
De toutes ſes fureurs l'auroit toſt reſaiſie.

IASON.

Pour monſtrer ſans les voir ſon courage appaiſé.
Ie te diray, Nerine, vn moyen fort aiſé.
Mais puiſie m'aſſeurer deſſus ta confidence?
Ouy, de trop longue main ie cognois ta prudence,

On a banny Medée, & Creon tout d'vn temps
Ioignoit à son exil celuy de ses enfans,
La pitié de Crëuse a tant fait vers son pere
Qu'ils n'auront point de part aux malheurs de leur mere,
Elle luy doit par eux quelque remerciment,
Qu'vn present de sa part suiue leur compliment:
Sa robbe dont l'esclat sied mal à sa fortune,
Et n'est à son exil qu'vne charge importune,
Luy gaigneroit le cœur d'vn Prince liberal,
Et de tous ses tresors l'abandon general.
Elle peut aisement d'vne chose inutile
Semer pour sa retraite vne terre fertile,
Crëuse, ou ie me trompe, en a quelque desir,
Et ie ne pense pas qu'elle peust mieux choisir.
Mais la voicy qui sort, souffre que ie l'euite
Puis qu'à mon seul aspect ie la voy qui s'irrite.

SCENE TROISIESME.

MEDEE, IASON, NERINE.

MEDEE.

E fuyez pas, Iason, de ces funestes lieux,
C'est à moy d'en partir, recuez mes Adieux.
Accoustumée à fuir , l'exil m'est peu de chose,
Sa rigueur n'a pour moy de nouueau que sa cause,
C'est pour vous que ie fuy, c'est vous qui me chassez.
Ou me renuoyez vous si vous me bannissez?
Iray-ie sur le Phase où i'ay trahy mon pere,
Appaiser de mon sang les Manes de mon frere?
Iray-ie en Thessalie où le meurtre d'vn Roy
Pour victime auiourd'huy ne demande que moy?
Il n'est point de climat dont mon amour fatale

N'ait acquis à mon nom la haine generale,
Et ce qu'ont fait pour vous mon sçauoir & ma main
Ma fait vn ennemy de tout le genre humain.
Ressouuien-t'en ingrat, remets toy dans la pleine
Que ces taureaux affreux brusloient de leur haleine,
Reuoy ce champ guerrier dont les sacrés sillons
Esleuoient contre toy de soudains bataillons,
Ce Dragon qui iamais n'eut les paupieres closes,
Et lors preferes moy Crëuse si tu l'oses.
Qu'ay-ie espargné depuis qui fust en mon pouuoir?
Ay-ie aupres de l'amour escouté mon deuoir?
Pour ietter vn obstacle à l'ardante poursuitte
Dont mon pere en fureur touchoit desia ta suitte
Semay-ie auec regret mon frere par morceaux?
A cet obiet piteux espandu sur les eaux
Mon pere trop sensible aux droits de la nature
Quitta tous autres soins que de sa sepulture,
Et par ce nouueau crime esmouuant sa pitié
I'arrestay les effets de son inimitié,
Bourrelle de mon sang, honte de ma famille,
Aussi cruelle sœur que desloyalle fille,
Ces tiltres glorieux plaisoient à mes amours,
Ie les pris sans horreur pour conseruer tes iours,
Alors, certes, alors, mon merite estoit rare
Tu n'estois point honteux d'vne femme Barbare:
Quand à vn pere vsé ie rendis la vigueur.

I'auois encor tes vœux, i'estois encor ton cœur;
Mais cette affection mourant auec Pelie
Sous vn mesme tombeau se vit enseuelie,
L'ingratitude en l'ame, & l'impudence au front,
Vne Scythe en ton lit te fut lors vn affront.
Et moy que tes desirs auoient tant souhaitée,
Le Dragon assoupy, la toison emportée,
Ton tyran massacré, ton pere r'aieuny
Ie deuins vn obiet digne d'estre banny.
Tes desseins acheuez i'ay merité ta haine,
Il t'a fallu sortir d'vne honteuse chaisne
Et prendre vne moitié qui n'a rien plus que moy
Que le bandeau Royal que i'ay quitté pour toy.

IASON.

Ha! que n'as-tu des yeux à lire dans mon ame,
Et voir les purs motifs de ma nouuelle flame
Les tendres sentiments d'vn amour paternel
Pour sauuer mes enfans me rendent criminel
Si l'on peut nommer crime vn malheureux diuorce
Ou le soing que i'ay d'eux me range à toute force.
Toy mesme furieuse ay-ie peu fait pour toy
D'arracher ton trespas aux vangeances d'vn Roy,
Sans moy ton insolence alloit estre punie:
A ma seule priere on ne t'a que bannie:
C'est rẽdre la pareille à tes grands coups d'effort,
Tu m'as sauué la vie, & i'empesche ta mort.

MEDEE.

On ne m'a que bannie ! ô bonté souueraine!
C'est donc vne faueur & non pas vne peine!
Ie reçois vne grace au lieu d'vn chastiment!
Et mon exil encor doibt vn remerciment!
Ainsi l'auare soif du brigand assouuie,
Il s'impute à pitié de nous laisser la vie,
Quand il n'esgorge point il croit nous pardonner,
Et ce qu'il n'oste pas il pense le donner.

IASON.

Tes discours dont Creon de plus en plus s'offence
Le forceroient en fin à quelque violence,
Esloigne toy d'icy tandis qu'il t'est permis,
Les Rois ne sont iamais de foibles ennemis.

MEDEE.

A trauers tes conseils ie voy assez ta ruse,
Ce n'est la m'en donner qu'en faueur de Crëuse,
Ton amour desguisé d'vn soing officieux
D'vn obiet importun veut deliurer ses yeux.

IASON.

N'appelle point amour vn change ineuitable
Ou Crëuse fait moins que le sort qui m'accable.

MEDEE.

Peux-tu bien sans rougir desauouer tes feux?

IASON.

IASON.

Et bien soit, ses attraits captiuent tous mes vœux,
Toy qu'vn amour furtif soüilla de tant de crimes
M'oses tu reprocher des ardeurs legitimes?

MEDEE.

Ouy ie te les reproches, & de plus....

IASON.

Quels forfaits?

MEDEE.

La trahison, le meurtre, & tous ceux que i'ay faits.

IASON.

Il manque encor ce point à mon sort deplorable
Que de tes cruautez on me face coupable.

MEDEE.

Tu presumes en vain de t'en mettre à couuert,
Celuy-là fait le crime à qui le crime sert.
Que chacun indigné contre ceux de ta femme
La traite en ses discours de meschante, & d'infame;
Toy seul, dont ses forfaits ont fait tout le bonheur,
Tien la pour innocente, & deffends son honneur.

IASON.

I'ay honte de ma vie, & ie hay son vsage

Depuis que ie la doibs aux effets de ta rage?

MEDEE.

La honte genereuse, & la haute vertu!
Si tu la hais si fort pourquoy la gardes tu?

IASON.

Au bien de nos enfans, dõt l'aage foible & tẽdre,
Contre tant de malheurs ne sçauroit se deffendre,
Deuiens en leur faueur d'vn naturel plus doux.

MEDEE.

Mon ame à leur suiet redouble son courroux,
Faut-il ce deshonneur pour comble à mes miseres
Qu'à mes enfans Crëuse en fin donne des freres?
Tu vas mesler, impie, & mettre en rang pareil
Les neueux de Sysiphe auec ceux du Soleil!

IASON.

Leur grandeur soustiendra la fortune des autres,
Crëuse & ses enfans conserueront les nostres.

MEDEE.

Ie l'empescheray bien, ce meslange odieux,
Qui deshonore ensemble & ma race & les Dieux.

IASON.

Lassez de tant de maux cedons à la fortune.

MEDEE.

Ce corps n'enferme pas vne ame si commune,
Ie n'ay iamais souffert qu'elle me fist la loy,
Et tousiours ma fortune a dependu de moy.

IASON.

La peur que i'ay d'vn sceptre....

MEDEE.

Ah cœur remply de feinte!
Tu masques tes desirs d'vn faux tiltre de crainte,
Vn sceptre pour ton change a seul de vrais appas.

IASON.

Voy l'estat où ie suis, i'ay deux Roys sur les bras,
Acaste à la campagne, & Creon dans la ville,
Que leur puis je opposer qu'vn courage inutile?

MEDEE.

Fuy les tous deux pour moy, fuy Medée à ton tour,
Sauue ton innocence auecque ton amour,
Fuy les, ie n'arme pas ta dextre sanguinaire
N'y contre ton parent, ny contre ton beaupere.

IASON.

Qui leur resistera s'ils viennent à s'vnir?

MEDEE.

Qui me resistera si ie te veux punir?

Desloyal, aupres d'eux crains tu si peu Medée?
Que toute leur puissance en armes desbordée
Dispute contre moy ton cœur qu'ils m'ont surpris,
Et ne sois du combat que le iuge & le prix:
Ioins leur, si tu le veux, mon pere & la Scythie,
En moy seule ils n'auront que trop forte partie.
Bornes tu mon pouuoir à celuy des humains?
Contre eux quand il me plaist i'arme leurs propres mains,
Tu le sçais, tu l'as veu, quand ces fils de la terre
Par leurs coups mutuels terminerent leur guerre.
Miserable ie puis adoucir des taureaux,
La flame m'obeit, & ie commande aux eaux,
Et ie ne puis chasser le feu qui me consomme,
N'y toucher tant soit peu les volentez d'vn homme.
Ie t'aime encor, Iason, malgré ta lascheté,
Ie ne m'offence plus de ta legereté,
Ie sens à tes regards decroistre ma colere,
De moment en moment ma fureur se modere,
Et ie cours sans regret à mon bannissement
Puisque i'en voy sortir ton establissement.
Ie n'ay plus qu'vne grace à demander en suite
Souffre que mes enfans accompagnent ma fuite.
Que ie t'admire encor en chacun de leurs traits,
Que ie t'aime & te baise en ces petits pourtraits,
Et que leur cher obiet entretenant ma flame
Te presente à mes yeux aussi bien qu'à mon ame.

IASON.

Ah! repren ta colere, elle a moins de rigueur,
M'enleuer mes enfans c'est m'arracher le cœur,
Et Iupiter tout prest à m'escraser du foudre
Mon trespas à la main ne pourrait m'y resoudre,
C'est pour eux que ie change, & la Parque sans eux
Seule eust de nostre Hymen rõpu les chastes nœuds.

MEDEE.

Cet amour paternel qui te fournit d'excuses
Me fait souffrir außi que tu me les refuses,
Ie ne t'en presse plus & preste à me bannir
Ie ne veux plus de toy qu'vn leger souuenir.

IASON.

Ton amour vertueux fait ma plus grande gloire,
Ce seroit me trahir qu'en perdre la memoire,
Et le mien enuers toy qui demeure eternel
T'en laisse en cet Adieu le serment solemnel,
Puissent briser mon chef les traits les plus seueres
Qu'eslancent des grands Dieux les plus aspres coleres,
Qu'ils s'vnissent ensemble afin de me punir,
Si ie ne perds la vie auant ton souuenir.

SCENE QVATRIESME.

MEDEE, NERINE.

MEDEE.

'Y donneray bon ordre, il est en ta puissance
D'oublier mon amour, mais non pas ma vangeance:
Ie la sçauray grauer en tes esprits glacez
Par des coups trop profonds pour en estre effacés.
Il aime ses enfans ce courage inflexible,
Son foible est descouuert, par eux il est sensible,
Par eux mon bras armé d'vne iuste rigueur
Va trouuer des chemins à luy percer le cœur.

NERINE:

Madame, espargnez les, espargnez vos entrailles,
N'auancez point par là vos propres funerailles,
Contre vn sang innocent pourquoy vous irriter

Si Crëuse en vos lacqs se vient precipiter?
Elle mesme s'y iette, & Iason vous la liure.

MEDEE.

Tu flattes mes desirs.

NERINE.

Que ie cesse de viure
Si ie vous ay rien dit contre la verité.

MEDEE.

Ah! ne me tien donc plus l'ame en perplexité.

NERINE.

Madame, il faut garder que quelqu'vn ne nous voye,
Et du palais du Roy descouure nostre ioye,
Vn dessein euenté succede rarement.

MEDEE.

R'entrons donc, & mettons nos secrets seurement.

ACTE III.

SCENE PREMIERE.

MEDEE, NERINE.

MEDEE seule.

C'Est trop peu de Iason que ton œil me desrobe,
C'est trop peu de mon lit, tu veux encor ma robbe,
Riuale insatiable, & c'est encor trop peu
Si la force à la main tu l'as sans mon adueu,
Il faut que par moy mesme elle te soit offerte,
Que perdant mes enfans i'achepte encor leur perte;
Il en faut vn hommage à tes diuins attraits,
Et des remerciments au vol que tu me fais.
Tu l'auras, mon refus seroit vn nouueau crime,
Mais ie t'en veux parer pour estre ma victime,

Et sous

Et sous vn faux semblant de liberalité
Saouler & ma vangeance & ton auidité.
Le charme est acheué, tu peux entrer Nerine,
Mes maux dans ces poisons trouuent leur medecine,
Voy combien de serpens à mon commandement
D'Afrique iusqu'icy n'ont tardé qu'vn moment,
Et contraints d'obeyr à mes clameurs funestes,
Sur ce present fatal ont deschargé leurs pestes:
L'amour à tous mes sens ne fut iamais si doux
Que ce triste appareil à mon esprit ialoux.
Ces herbes ne sont pas d'vne vertu commune,
Moy mesme en les cueillant ie fis paslir la Lune,
Quand les cheueux flottant, le bras & le pied nu,
I'en despouillay iadis vn climat inconnu.
Voy mille autres venins, cette liqueur espaisse
Mesle du sang de l'Hydre auec celuy de Nesse,
Python eut cette langue, & ce plumage noir
Est celuy qu'vne Harpye en fuyant laissa choir.
Par ce tison Althée assouuit sa colere,
Trop pitoyable sœur, & trop cruelle mere.
Ce feu tomba du Ciel auecque Phaëton,
Cet autre vient des flots du pierreux Phlegeton,
Et celuy-cy iadis remplit en nos contrées
Des taureaux de Vulcain les gorges ensoufrées.
Enfin tu ne vois là, poudres, racines, eaux,
Dont le pouuoir mortel n'ouurist mille tombeaux,
Ce present deceptif a beu toute leur force,

Et bien mieux que mon bras vāgera mon diuorce;
Les traistres apprendront à se iouer à moy.
Mais d'où prouient ce bruit dās le palais du Roy?

NERINE.

Du bonheur de Iason, & du malheur d'Ægée,
Madame, peu s'en faut qu'il ne vous ait vangée.
Ce genereux vieillard indigné que ses feux
Pres de vostre riuale ayent perdu tant de vœux,
Et que sur sa couronne & sa perseuerance
L'exil de vostre espoux ait eu la preferance,
A tasché par la force à repousser l'affront
Que ce nouuel Hymen luy porte sur le front.
Comme cette beauté, pour luy toute de glace,
Sur les bords de la mer contemploit la bonace,
Il la voit mal suiuie, & prend vn si beau temps,
A rendre ses desirs & les vostres contents.
De ses meilleurs soldats vne troupe choisie,
Le suit dans son dessein, Crëuse en est saisie,
L'effroy qui la surprend la iette en pasmoison,
Et tout ce qu'elle peut c'est de nommer Iason.
Ses gardes à labord font quelque resistance,
Et le peuple leur preste vne foible assistance,
Mais l'obstacle leger de ces debiles cœurs .
Laissoit honteusement Crëuse à leurs vainqueurs,
Desia presque en leur bord elle estoit enleuée....

MEDEE.

I'en deuine la fin, mon traistre la sauuée.

NERINE.

Ouy, Madame, & de plus Ægée est prisonnier,
Vostre espoux à son myrthe adiouste ce laurier,
Mais apprenez comment.

MEDEE.

N'en dy pas dauantage,
Ie ne veux point sçauoir ce qu'a fait son courage,
Il suffit que son bras a trauaillé pour nous,
Et rend vne victime à mon iuste courroux.
Nerine, mes douleurs auroient peu d'allegeance
Si cet enleuement l'ostoit à ma vangeance,
Pour quitter son pays en est-on malheureux?
Ce n'est pas son exil, c'est sa mort que ie veux:
Elle auroit trop d'hōneur de n'auoir que ma peine,
Et de verser des pleurs pour estre deux fois Reine.
Tant d'inuisibles feux enfermez dans ce don,
Que d'vn tiltre plus vray i'appelle ma rançon,
Produiront des effets bien plus doux à ma haine.

NERINE.

Par là vous vous vangez, & sa perte est certaine,
Mais contre la fureur de son pere irrité,
Où pensez vous trouuer vn lieu de seureté?

MEDEE.

Si la prison d'Ægée a suiuy sa deffaite,
Voy tu pas qu'en l'ouurant ie m'ouure vne retraite,

Et que briſant ſes fers, cette obligation
Engage ſa couronne à ma protection?
Deſpeſche ſeulement, & cours vers ma riuale
Luy porter de ma part cette robbe fatale,
Meine luy mes enfans, & fay les ſi tu peux
preſenter par leur pere à l'obiet de ſes vœux.

NERINE.

Mais, Madame, porter cette robbe empeſtée
Que de tant de poiſons vous auez infectée,
C'eſt pour voſtre Nerine vn trop funeſte employ,
Auant que ſur Creuſe ils agiroient ſur moy.

MEDEE.

Ne crains pas leur vertu, mon charme la modere,
Et luy deffend d'agir que ſur elle & ſon pere,
Pour vn ſi grand effet prends vn cœur plus hardy,
Et ſans me repliquer fay ce que ie te dy.

SCENE DEVXIESME.

CREON, POLLVX, SOLDATS.

CREON.

Ous deuons bien cherir cette valeur parfaite
Qui de nos rauisseurs nous donne la deffaite,
Inuincible heros, c'est à vostre secours
Que ie dois desormais le bonheur de mes iours,
C'est vous dont le courage, & la force, & l'adresse,
Rend à Creon sa fille, à Iason sa maistresse,
Met Ægée en prison, & son orgueil à bas,
Et fait mordre la terre à ses meilleurs soldats.

POLLVX.

Grand Roy, l'heureux succez de cette deliurance
Vous est beaucoup mieux deu qu'à mon peu de vaillance,

C'est vous seul & Iason dont les bras indomptés
Portoient auec effroy la mort de tous costés,
Pareils à deux lions dont l'ardante furie
Dépeuple en vn moment toute vne bergerie.
L'exemple glorieux de vos faits plus qu'humains
Eschauffoit mon courage, & cōduisoit mes mains,
Et vous voyant faucher ces testes criminelles
I'ay suiuy, mais de loin, des actions si belles.
Qui pourroit reculer en combatant sous vous?
Et qui n'auroit du cœur à seconder vos coups?

CREON.

Vostre valeur qui souffre en cette repartie
Oste toute croyance à vostre modestie:
Mais puisque le refus d'vn honneur merité
N'est pas vn petit trait de generosité,
Ie vous laisse en iouyr. Autheur de la victoire,
Ainsi qu'il vous plaira departez en la gloire,
Comme elle est vostre bien vous pouuez la donner.
Que prudemment les Dieux sçauent tout ordōner!
Voyez, braue guerrier, comme vostre arriuée
Au iour de nos malheurs se trouue reseruée,
Et qu'au point que le sort osoit nous menacer
Ils nous ont enuoyé dequoy le terrasser,
Digne sang de leur Roy, demidieu magnanime,
Dont la vertu ne peut receuoir trop d'estime,
Qu'auons nous plus à craindre & quel destin ia-
loux

Tant que nous vous aurons s'osera prendre à nous?

POLLVX.

Apprehendez pourtant, grand Prince.

CREON.

Et quoy?

POLLVX.

Medée
Qui par vous de son lit se voit depossedée.
Ie crains qu'il ne vous soit malaisé d'empescher
Qu'vn gendre valeureux ne vous couste bien cher.
Apres l'assaßinat d'vn Monarque & d'vn frere,
Peut-il estre de sang qu'elle espargne ou reuere?
Accoustumée au meurtre, & sçauante en poison,
Voyez ce qu'elle a fait pour acquerir Iason,
Et ne presumez pas, quoy que Iason vous die,
Que pour le conseruer elle soit moins hardie.

CREON.

C'est dequoy mon esprit n'est plus inquieté,
Par son bannissemtnt i'ay fait ma seureté,
Elle n'a que fureur & que vangeance en l'ame,
Mais en si peu de temps que peut faire vne femme?
Ie n'ay prescrit qu'vn iour de terme à son depart.

POLLVX.

C'est peu pour vne fẽme, & beaucoup pour son art,

Sur le pouuoir humain ne reglez pas les charmes.

CREON.

Quelques puissants qu'ils soient, ie n'en ay point d'alarmes,
Et quand bien ce delay deuroit tout hazarder,
Ma parole est donnée & ie la veux garder.

SCENE TROISIESME.

CREON, POLLVX, CLEONE.

CREON.

Ve sont nos amoureux, Cleone?

CLEONE.

La Princesse,
Sire, aupres de Iason reprend son allegresse,
Et ce qui sert beaucoup à son contentement,
C'est de voir que Medée est sans ressentiment.

CREON.

CREON.

Et quel Dieu si propice a calmé son courage?

CLEONE.

Iason & ses enfans qu'elle vous laisse en gage.
La grace que pour eux Madame obtient de vous
A calmé les transports de son esprit ialoux.
Le plus riche present qui fust en sa puissance
A ses remerciments ioint sa recognoissance,
Sa robbe sans pareille, & sur qui nous voyons
Du Soleil son ayeul briller mille rayons,
Que la Princesse mesme auoit tant souhaitée,
Par ces petits heros luy vient d'estre apportée,
Et fait voir clairement les merueilleux effets
Qu'en vn cœur irrité produisent les bien faits.

CREON.

Et bien, qu'en dites vous? qu'auons nous plus à craindre?

POLLVX.

Si vous ne craignez rien, que ie vous trouue à plaindre?

CREON.

Vn si rare present monstre vn esprit remis.

POLLVX.

I'eus tousiours pour suspects les dons des ennemis,

Ils sont assez souuent ce que n'ont peu leurs armes,
Ie cognoy de Medeé & l'esprit & les charmes,
Et veux bien m'exposer aux plus cruels trespas
Si ce rare present n'est vn mortel appas.

CREON.

Ses enfans si cheris qui nous seruent d'ostages
Nous peuuent ils laisser quelque sorte d'ombrages?

POLLVX.

Peut-estre que contr'eux s'estend sa trahison,
Qu'elle ne les prend plus que pour ceux de Iason,
Et qu'elle s'imagine, en haine de leur pere,
Que n'estant plus sa femme, elle n'est plus leur mere.
Sire, renuoyez luy ce don pernicieux,
Et ne vous chargez point d'vn poison precieux,

CLEONE.

Madame cependant en est toute rauie,
Et de s'en voir parée elle brusle d'enuie.

POLLVX.

Où le peril esgale, & passe le plaisir,
Il faut se faire force, & vaincre son desir,
Iason dans son amour a trop de complaisance
De souffrir qu'vn tel don s'accepte en sa presence.

CRECN.

Sans rien mettre au hazard, ie sçauray dextrement
Accorder vos soupçons : & son contentement
Nous verrons des ce soir sur vne criminelle
Si ce present nous cache vne embusche mortelle.
Nise pour ses forfaits destinée à mourir
Ne peut par cette espreuue iniustement perir,
Heureuse si sa mort nous rendoit ce seruice
De nous en descouurir le funeste artifice.
Allons y de ce pas, & ne consumons plus
De temps ny de discours en debats superflus.

SCENE QVATRIESME.

ÆGEE en prison.

STANCES.

DEmeure affreuse des coupables,
Lieux maudits, funeste seiour,
Dont auparauant mon amour
Les sceptres estoient incapables,
Redoublés puissamment vostre mortel effroy,
Et ioignez à mes maux vne si viue attainte,
Que mon ame chassée, ou s'enfuyant de crainte,
Desrobe à mes vainqueurs le supplice d'vn Roy.

Le triste bonheur où i'aspire!
Ie ne veux que haster ma mort,
Et n'accuse mon mauuais sort
Que de souffrir que ie respire,
Puisqu'il me faut mourir, que ie meure à mō choix,
Le coup m'en sera doux s'il est sans infamie,

Prendre l'ordre à mourir d'vne main ennemie
C'est mourir à mon gré beacoup plus d'vne fois.

Pauure Prince l'on te mesprise
Quand tu t'arrestes à seruir,
Si tu t'efforces de rauir,
Ta prison suit ton entreprise,
Ton amour qu'on desdaigne, & ton vain attentat
D'vn eternel affront vont soüiller ta memoire:
L'vn t'a desia cousté ton repos & ta gloire,
L'autre te va couster ta vie, & ton Estat.

Destin qui punis mon audace,
Tu n'as que de iustes rigueurs,
Et s'il est d'assez tendres cœurs
Pour compatir à ma disgrace,
Mon feu de leur tendresse estouffe la moitié:
Veu qu'à bien comparer mes fers auec ma flame,
Vn vieillard amoureux merite plus de blasme,
Qu'vn Monarque en prison n'est digne de pitié.

Cruel autheur de ma misere,
Peste des Cœurs, tyran des Roys,
Dont les imperieuses loix
N'espargnent pas mesmes ta mere,

Amour, contre Iason tourne ton trait fatal,
Au pouuoir de tes dards ie remets ma vangeance,
Atterre son orgueil & monstre ta puissance
A perdre esgalement l'vn & l'autre riual.

Qu'vne implacable ialousie,
Suiue son nuptial flambeau,
Que sans cesse vn obiet nouueau
S'empare de sa fantaisie,
Que Corinthe à sa veuë accepte vn autre Roy,
Qu'il puisse voir sa race à ses yeux esgorgée,
Et pour dernier malheur qu'il àit le sort d'Ægée,
Et deuienne à mon aage amoureux comme moy.

SCENE CINQVIESME.

ÆGEE, MEDEE, NERINE.

ÆGEE.

Ais d'où vient ce bruit sourd? quelle pasle lumiere
Dissipe ces horreurs, & frappe ma paupiere?
Mortel, qui que tu sois, destourne icy tes pas,
Et de grace m'apprends l'arrest de mon trespas,
L'heure, le lieu, le genre, & si ton cœur sensible
A la compassion peut se rendre accessible,
Donne moy les moyens d'vn genereux effort
Qui des mains des bourreaux affrãchisse ma mort.

MEDEE.

Ie viens t'en affranchir, ne craignez plus, grand Prince,
Ne pensez qu'à reuoir vostre chere prouince,

Ces portes ne sont pas pour tenir contre moy,
Cessez indignes fers de captiuer vn Roy,
Est-ce à vous à presser les bras d'vn tel Monarque?
Et vous, recognoissez Medée à cette marque,
Et fuyez vn tyran, dont le forcenement
Ioindroit vostre supplice à mon bannissement,
Auec la liberté reprenés le courage.

ÆGEE.

Ie les reprends tous deux pour vous en faire hommage,
Princesse de qui l'art propice aux malheureux
Oppose vn tel miracle à mon sort rigoureux.
Disposez de ma vie, & du sceptre d'Athenes,
Ie dois & l'vn & l'autre à qui brise mes chaisnes,
Vostre diuin secours me tire de danger,
Mais ie n'en veux sortir qu'afin me vous vanger.
Madame, si iamais auec vostre assistance
Ie puis toucher les lieux de mon obeissance,
Vous me verrez suiuy de mille bataillons
Iusques dessus ces murs planter mes pauillons,
Punir leur traistre Roy de vous auoir bannie,
Dedans le sang des siens noyer sa tyrannie,
Et remettre en vos mains & Crëuse & Iason
Pour vanger vostre exil plustost que ma prison.

MEDEE.

Ie veux vne vangeance, & plus haute, & plus prompte,

Ne l'en-

Ne l'entreprenez pas, vostre offre me fait honte;
Emprunter le secours d'aucun pouuoir humain
D'vn reproche eternel diffameroit ma main.
En est-il apres tout aucun qui ne me cede?
Qui force la nature a-t'il besoin qu'on l'ayde?
Laissez moy le soucy de vanger mes ennuis.
Et par ce que i'ay fait iugez ce que ie puis.
L'ordre en est tout donné, n'en soyez point en peine,
C'est demain que mon art fait triompher ma haine,
Demain ie suis Medée & ie tire raison
De mon bannissement & de vostre prison.

ÆGEE.

Quoy, madame, faut-il que mon peu de puissance
Estouffe les deuoirs de ma reconnoissance?
Mon sceptre ne peut il estre employé pour vous?
Et vous seray-ie ingrat autant que vostre espoux?

MEDEE.

Si ie vous ay seruy, tout ce que i'en souhaite
C'est de trouuer chez vous vne seure retraite,
Où de mes ennemis menaces n'y presents
Ne puissent plus troubler le repos de mes ans.
Non pas que ie les craigne, eux & toute la terre
A leur confusion me liureroient la guerre,
Mais ie hay ce desordre, & n'ayme pas à voir
Qu'il me faille pour viure vser de mon sçauoir.

ÆGEE.

L'honneur de receuoir vne si grande hostesse
De mes malheurs passez efface la tristesse,
Disposez d'vn pays qui viura sous vos loix.
Si vous l'aymez assez pour luy donner des Roys,
Si mes ans ne vous font mespriser ma personne,
Vous y partagerez mon lit & ma couronne;
Sinon, sur mes suiets faites estat d'auoir
Ainsi que sur moy mesme vn absolu pouuoir.
Allons madame, allons, & par vostre conduite
Faites la seureté que demande ma fuite.

MEDEE.

Ma vangeance n'auroit qu'vn succez imparfait,
Ie ne me vange pas si ie n'en voy l'effet,
Ie dois à mon courroux l'heur d'vn si doux specta-
cle,
Allez, Prince, & sans moy ne craignez point
d'obstacle,
Ie vous suiuray demain par vn chemin nouueau,
Nerine deuant vous portera ce flambeau,
Sa secrette vertu qui vous fait inuisible.
Rendra vostre depart de tous costez paisible,
Icy pour empescher l'alarme que le bruit
De vostre deliurance auroit bien tost produit,
Vn fantosme pareil & de taille & de face
Tandis que vous fuyrez remplira vostre place.

Partez sans plus tarder, Prince chery des Dieux,
Et quittez pour iamais ces detestables lieux.

ÆGEE.

I'obeys sans replique, & ie pars sans remise,
Puisse d'vn prompt succés vostre grande entrepri-
se,
Combler nos ennemis d'vn mortel desespoir,
Et me donner bien-tost l'honneur de vous reuoir.

MEDEE.

Auparauant que vous ie seray dans Athenes,
Cependant pour loyer de ces legeres peines
Ayez soin de Nerine, & songez seulement
Qu'en elle vous pouuez m'obliger puissamment.

ACTE V.

SCENE PREMIERE.

MEDEE, THEVDAS.

THEVDAS.

H deplorable Prince! ah fortune cruelle!
Que ie porte à Iason vne triste nouuelle!

MEDEE.

Arreste miserable, & m'apprends quel effet
A produit chez le Roy le present que i'ay fait.

THEVDAS.

Dieux! ie suis dans les fers d'vn inuisible chaisne!

MEDEE.

Despesche, ou ces longueurs attireront ma haine,

Ma verge qui desia t'empesche de courir
N'a que trop de vertu pour te faire mourir.
Garde toy seulement d'irriter ma colere,
Et pense que ta mort depend de me desplaire.

THEVDAS.

Apprenez vn effet le plus prodigieux
Que iamais la vangeance ait offert à nos yeux.
Vostre robbe a fait peur, & sur Nise esprouuée
En despit des soupçons sans peril s'est trouuée,
Et cette espreuue a sceu si bien les asseurer
Qu'incontinent Crëuse a voulu s'en parer.
Cette pauure Princesse à peine l'a vestuë
Qu'elle sent aussi tost vne ardeur qui la tuë,
Vn feu subtil s'allume, & ses brandons espars
Sur vostre don fatal courent de toutes parts,
Et Cleone, & le Roy s'y iettent pour l'esteindre,
Mais (ô nouueau suiet de pleurer & de plaindre!)
Ce feu saisit le Roy, ce Prince en vn moment
Se trouue enueloppé du mesme embrasement.

MEDEE.

Courage, enfin il faut que l'vn & l'autre meure.

THEVDAS.

La flame disparoist, mais l'ardeur leur demeure,
Et leurs habits charmez malgré nos vains efforts
Sont des brasiers secrets attachez à leurs corps,

Qui veut les despoüiller eux mesmes les déchire,
Et l'ayde qu'on leur dône est vn nouueau martyre.

MEDEE.

Que dit mon desloyal, que fait-il là dedans?

THEVDAS.

Iason sans rien sçauoir de tous ces accidents
S'acquite des deuoirs d'vne amitié ciuile
A conuoyer Pollux hors des murs de la ville,
Qui court à grande haste aux nopces de sa sœur
Dont bien tost Menelas doit estre possesseur,
Et i'allois luy porter ce funeste message.

MEDEE.

Va, tu peux maintenant acheuer ton voyage.
Est-ce assez, ma vangeance, est-ce assez de deux morts?
Consulte auec loisir tes plus ardants transports.
Des bras de mon perfide arracher vne femme
Est-ce pour assouuir les fureurs de mon ame?
Que n'a t'elle des-ja des enfans de Iason
Sur qui plus plainement vanger sa trahison!
Suppleons y des miens, immolons auec ioye
Ceux qu'à me dire Adieu Creuse me renuoye
Nature, ie le puis sans violer ta loy,
Ils viennent de sa part & ne sont plus à moy.
Mais ils sont innocens, aussi l'estoit mon frere,

Ils ſont trop criminels d'auoir Iaſon pour pere,
Il faut que leur treſpas redouble ſon tourment
Il faut qu'il ſouffre en pere auſsi bien qu'en amant.
Mais quoy ! i'ay beau contre eux animer mon audace,
La pitié la combat, & ſe met en ſa place,
Puis cedant tout à coup la place à ma fureur,
I'adore les proiets qui me faiſoient horreur,
De l'amour auſsi toſt ie tombe à la colere,
Des ſentiments de femme aux tendreſſes de mere.
Ceſſez doreſnauant, penſers irreſolus,
D'eſpargner des enfans que ie ne verray plus.
Chers fruits de mon amour, ſi ie vous ay fait naiſtre
Ce n'eſt pas ſeulement pour careſſer vn traiſtre,
Il me priue de vous, & ie l'en vay priuer.
Mais ma pitié retourne, & reuient me brauer,
Ie n'execute rien, & mon ame eſperduë
Entre deux paſsions demeure ſuſpenduë
N'en deliberons plus, mon bras en reſoudra,
Ie vous perds mes enfans, mais Iaſon vous perdra,
Il ne vous verra plus Creon ſort tout en rage
Allons à ſon treſpas adiouſter ce carnage.

SCENE DEVXIESME.

CREON, Domestiques.

CREON.

Oin de me secourir vous croissez mes tourments,
Le poison à mon corps vnit mes vestements,
Et ma peau qu'auec eux vostre pitié m'arrache
Pour suiure vostre main de mes os se detache.
Voyez comme mon sang en coule en mille lieux,
Ne me dechirez plus, bourreaux officieux,
Fuyez, ou ma fureur vne fois desbordée
Dans ces pieux deuoirs vous prendra pour Medée.
C'est auancer ma mort que de me secourir,
Ie ne veux que moy mesme à m'ayder à mourir.
Quoy? vous continuez, canailles infidelles?
Plus ie vous le deffends, plus vous m'estes rebelles!
Traistre, vous sentirés encor ce que ie puis,

Ie seray

Ie seray vostre Roy tout mourant que ie suis;
Si mes commandements ont trop peu d'efficace
Ma rage pour le moins me fera faire place,
Il faut ainsi payer vostre cruel secours.

SCENE
TROISIESME.

CREON, CREVSE, CLEONE.

CREVSE.

V fuyez vous de moy cher autheur de mes iours?
Fuyez vous l'innocente, & malheureuse source
D'où prennent tant de maux leur effreyable course?
Ce feu qui me consomme, & dehors & dedans,
Punit-il point assez mes souhaits imprudents?
Ie ne puis excuser mon indiscrette enuie
Qui donne le trespas à qui ie dois la vie,
Mais soyez satisfait des rigueurs de mon sort,

Et cessez d'adiouster vostre haine à ma mort.
L'ardeur qui me deuore & que i'ay meritée,
Surpasse en cruauté l'Aigle de Promethée,
Et ie croy qu'Ixion au choix des sentiments
Prefereroit sa roüe à mes embrazements.

CREON.

Si ton ieune desir eut beaucoup d'imprudence,
Ma fille, i'y deuois opposer ma défence,
Ie n'impute qu'à moy l'excés de mes malheurs,
Et i'ay part en ta faute ainsi qu'en tes douleurs.
Si i'ay quelque regret, ce n'est pas à ma vie
Que le declin des ans m'auroit bien tost rauie,
La ieunesse des tiens, si beaux, si florissants,
Me porte bien des coups plus vifs, & plus pressants.
Ma fille, c'est dont là ce Royal Hymenée
Dont nous pensions toucher la pompeuse iournée?
L'impiteuse Clothon emporte le flambeau,
Et pour lit nuptial il te faut vn tombeau.
Ha rage, desespoir, destins, feux, poisons, charmes,
Tournez tous contre moy vos plus cruelles armes,
S'il faut vous assouuir par la mort de deux Rois
Faites en ma faueur que ie meure deux fois,
Pourueu que mes deux morts emporte cette grace
De laisser ma couronne à mon vnique race,
Et cet espoir si doux qui m'a tousiours flatté
De reuiure à iamais en sa posterité.

CREVSE.

Cleone souſtenez, les forces me defaillent,
Et ma vigueur ſuccombe aux douleurs qui m'aſ-ſaillent,
Le cœur me va manquer, ie n'en puis plus, helas,
Ne me refuſez point, ce funeſte ſoulas,
Monſieur, & ſi pour moy quelque amour vous de-meure,
Entre vos bras mourants permetez que ie meure,
Mes pleurs arrouſeront vos mortels deſplaiſirs,
Ie meſleray leurs eaux à vos bruſlants ſoupirs.
Ah ie bruſle, ie meurs, ie ne ſuis plus que flame,
De grace haſtez vous de receuoir mon ame.

CREON.

Ah ma fille.

CREVSE.

Ah mon pere.

CLEONE.

A ces embraſſemens
Qui retiendroit ſes pleurs, & ſes gemiſſements?
Dans ces ardants baiſers leurs ames ſe cõfondent,
Et leurs triſtes ſanglots ſeulement ſe reſpondent,

CREVSE.

He quoy? vous me quittez!

CREON.

Ouy, ie ne verray pas
Comme vn lasche tesmoin ton indigne trepas,
Il faut, ma fille, il faut que ma main me deliure
De l'infame regret de t'auoir peu suruiure.
Inuisible ennemy, sors auecques mon sang.

CREVSE.

Courez à luy, Cleone, il se perce le flanc.

CREON.

Retourne, c'en est fait, ma fille, Adieu, i'expire,
Et ce dernier souspir, met fin à mon martyre,
Ie laisse à ton Iason le soing de nous vanger.

CREVSE.

Vain & triste confort, soulagement leger.
Mon pere....

CLEONE.

Il ne vit plus, sa belle ame est partie.

CREVSE.

Donnez donc à la mienne vne mesme sortie,
Apportez moy ce fer qui de ses maux vainqueur
Est desia si sçauant à trauerser le cœur.
Ah ie sens fers, & feux, & poisons tout ensemble,
Ce que souffroit mon pere à mes peines s'assemble:

Helas que de douceur auroit vn prompt trespas!
Despeschez vous Cleone aydez mon foible bras.

CLEONE.

Ne desesperez point, les Dieux plus pitoyables
A nos iustes clameurs se rendront exorables,
Et vous conserueront en despit du poison,
Et pour Reine à Corinthe, & pour femme à Iason.
Il arriue, & surpris il change de visage,
Ie lis dans sa pasleur vne secrette rage,
Et son estonnement va passer en fureur.

SCENE QVATRIESME.

IASON, CREVSE, CLEONE, THEVDAS

IASON.

Ve voy-ie icy bons Dieux! quel spectacle d'horreur!
Quelque part que mes yeux portent ma veuë errante,
Ie vois, ou Creon mort, ou Crëuse mourante.
Ne t'en va pas, belle ame, attens encor vn peu,
Et le sang de Medée esteindra tout ce feu,
Pren le triste plaisir de voir punir son crime,
De te voir immoler cette infame victime,
Et que ce Scorpion sur ta playe escrasé
Fournisse de remede au mal qu'il a causé.

CREVSE.

Il n'en faut point chercher au poison qui me tue,
Laisse moy le bonheur d'expirer à ta veue,

Souffre que i'en iouïsse en ce dernier moment,
Mon trespas fera place à ton ressentiment
Le mien cede à l'ardeur dont ie suis possedée
I'ayme mieux voir Iason que la mort de Medée.
Approche cher amant, & retien ces transports,
Mais garde de toucher ce miserable corps,
Ce brasier que le charme, ou respand, ou modere
A negligé Cleone, & deuoré mon pere,
Au gré de ma riuale il est contagieux,
Iason, ce m'est assez de mourir à tes yeux,
Empesche les plaisirs qu'elle attend de ta peine,
N'attire point ces feux esclaues de sa haine,
Ah quel aspre tourment! quel douloureux abois!
Et que ie sens de morts sans mourir vne fois!

IASON.

Quoy? vous m'estimez donc si lasche que de viure
Et de si beaux chemins sont ouuerts pour vous suiure?
Ma Reine si l'Hymen, n'a peu ioindre nos corps
Nous ioindrons nos esprits, nous ioindrons nos deux morts;
Et l'on verra Charon passer chez Radamante
Dans vne mesme barque & l'amant, & l'amante.
Helas vous receuez par ce present charmé
Le déplorable prix de m'auoir trop aymé,
Et puisque cette robbe a causé vostre perte
Ie dois estre puny de vous l'auoir offerte,

Trop heureux si sa force agissant en mes mains
Eust de nostre ennemie euenté les desseins,
Et destournant sur moy ses trames desloyales
Mon ame eust satisfaict pour deux ames Royales,
Mais ce poison m'espargne, & ces feux impuissants
Refusent de finir les douleurs que ie sens.
Il faut donc que ie viue, & vous m'estes rauie!
Iustes Dieux quel forfait me condamne à la vie?
Est-il quelque tourment plus grand pour mon amour
Que de la voir mourir, & de souffrir le iour?
Non, non, si par ces feux mon attente est trompée,
I'ay dequoy m'affranchir au bout de mon espée,
Et l'exemple du Roy de sa main transpercé,
Qui nage dans les flots du sang qu'il a versé
Instruit suffisamment vn genereux courage
Des moyens de brauer le destin qui l'outrage.

CREVSE.

Si Crëuse eut iamais sur toy quelque pouuoir
Ne t'abandonne point aux coups de desespoir;
Vy pour sauuer ton nom de cette ignominie
Que Crëuse soit morte, & Medée impunie:
Vy pour garder le mien en ton cœur affligé,
Et du moins ne meurs point que tu ne sois vangé.
Adieu, donne la main, que malgré ta ialouse
I'emporte chez Pluton le nom de ton espouse,
Ah douleurs? c'en est fait, ie meurs à cette fois,

Et porte

Et perds en ce moment la vie auec la voix.
Sy tu m'aymes.

IASON.

Ce mot luy couppe la parole,
Et ie ne ſuiuray pas ſon ame qui s'enuole?
Mon eſprit retenu par ſes commandements
Reſerue encor ma vie à de pires tourments.
O honte ! mes regrets permettent que ie viue
Et ne ſecourent pas ma main qu'elle captiue,
Leur atteinte eſt trop foible, & dans vn tel malheur
Ie ſuis trop peu touché pour mourir de douleur.
Pardonne, chere eſpouſe, à mon obeiſſance,
Mon deſplaiſir mortel deſere à ta puiſſance,
Et de mes iours maudits tout preſt de triompher,
De peur de te deſplaire il n'oſe m'eſtouffer.
Ne perdons point de tẽps, courons chez la ſorciere,
Deliurer par ſa mort mon ame priſonniere.
Vous autres cependant enleuez ces deux corps,
Contre tous ſes Demons mes bras ſont aſſez forts,
Et la part que voſtre ayde auroit en ma vangeance
Ne m'en permettroit pas vne entiere allegeance,
Preparez ſeulement des geſnes, des bourreaux,
Deuenez inuentifs en ſupplices nouueaux,
Qui la faſſent mourir tant de fois ſur leur tombe,
Que ſon coupable ſang leur vaille vne hecatombe,
Et ſi cette victime en mourant mille fois

M

N'appaise point encor les Manes de deux Roys,
Ie seray la seconde, & mon esprit fidelle
Ira gesner là bas son ame criminelle,
Ira faire assembler pour sa punition
Les peines de Tithie à celles d'Ixion.
Mais leur puisse imputer ma mort en sacrifice?
Elle m'est vn plaisir & non pas vn supplice,
Mourir c'est seulement aupres d'eux me ranger,
C'est reioindre Creuse & non pas la vanger.
Instruments des fureurs d'vne mere insensée
Indignes reiettons de mon amour passée,
Quel malheureux destin vous auoit reseruez
A porter le trespas a qui vous a sauuez?
C'est vous petits ingrats que malgré la nature
Il me faut immoler dessus leur sepulture,
Que la sorciere en vous commence de souffrir,
Que son premier tourmẽt soit de vous voir mourir.
Toutesfois qu'ont ils fait qu'obeir à leur mere?

SCENE CINQVIESME.

MEDEE, IASON.

MEDEE.

Asche, ton desespoir encor en delibere?
Leue les yeux perfide, & recognoy ce bras.
Qui t'a desia vangé de ces petits ingrats.
Ce poignard que tu vois vient de chasser leurs ames
Et noyer dans leur sang les restes de nos flames.
Heureux pere & mary ; ma fuite & leur tombeau
Laisse la place vuide a ton hymen nouueau.
Resiouy t'en, Iason, va posseder Crëuse.
Tu n'auras plus icy personne qui t'accuse,
Ces gages de nos feux ne feront plus pour moy
De reproches secrets à ton manque de foy.

IASON.

Horreur de la nature, execrable tygresse.

MEDEE.

Va bien heureux amant, caioler ta maistresse,
A cet obiet si cher tu dois tous tes discours
Parler encor à moy c'est trahir tes amours.
Va luy, va luy conter tes rares aduantures,
Et contre mes effets ne combats point d'iniures.

IASON.

Quoy tu m'oses brauer, & ta brutalité
Pense encor eschaper à mon bras irrité?
Tu redoubles ta peine auec cette insolence.

MEDEE.

Et que peut contre moy ta debile vaillance?
Mon art faisoit ta force, & tes exploits guerriers
Tiennent de mon secours ce qu'ils ont de lauriers.

IASON.

Ah c'est trop en souffrir, il faut qu'vn prompt supplice
De tant de cruautez à la fin te punisse
Sus sus brisons la porte enfonçons la maison.
Que des bourreaux soudain m'en facent la raison.
Ta teste respondra de tant de barbaries.

MEDEE.

Que sert de t'emporter à ces vaines furies,
Espargne cher espoux des efforts que tu perds,

Voy les chemins de l'air qui me sont tous ouuerts,
C'est par là que ie fuis, & que ie t'abandonne.
Pour courir à l'exil que ton change m'ordonne,
Suy moy, Iason, & trouue en ces lieux desolés
Des postillons pareils à mes Dragons aislés.
En fin ie n'ay pas mal employé la iournée
Que la bonté du Roy de grace m'a donnée.
Mes desirs sont contents, mon pere & mon pays,
Ie ne me repends plus de vous auoir trahis.
Auec cette douceur i'en accepte le blasme,
Adieu, pariure, apprends à congnoistre ta femme,
Souuiens toy de sa fuite, & songe vne autre fois,
Lequel est plus à craindre ou d'elle ou de deux Rois.

SCENE SIXIESME.

IASON.

Dieux! ce char volant disparu dans la nuë,
La desrobbe à sa peine aussi bien qu'à ma veuë,
Et son impunité triomphe arrogamment
Des proiets auortez de mon ressentiment.
Crëuse, enfans, Medée, Amour, haine, vangeance
Où dois-ie desormais chercher quelque allegeance,
Où suiure l'inhumaine, & dessous quels climats
Porter les chastiments de tant d'assaßinats?
Va furie execrable, en quel coin de la terre
Que t'emporte ton char i'y porteray la guerre,
I'apprendray ton seiour de tes sanglants effets,
Et te suiuray par tout au bruit de tes forfaits.
Mais que me seruira cette vaine pousuitte
Si l'air est vn chemin tousiours libre à ta fuite,

Si tousiours tes Dragons sont prest à t'enleuer,
Si tousiours tes forfaits ont dequoy me brauer?
Malheureux, ne perds point cōtre vne telle audace
De ta iuste fureur l'impuissante menace,
Ne cours point à ta honte, & fuy l'occasion
D'accroistre sa victoire, & ta confusion.
Miserable perfide, ainsi donc ta foiblesse
Espargne la sorciere, & trahit ta Princesse?
Est-ce là le pouuoir qu'ont sur toy ses desirs
Et ton obeyssance à ses derniers soupirs?
Vange toy, pauure amant, Creüse le commande,
Ne luy refuse point vn sang qu'elle demande,
Escoute les accens de sa mourante voix,
Et vole sans rien craindre à ce que tu luy dois.
A qui sçait bien aymer il n'est rien d'impoßible,
Eusses-tu pour retraite vn roc inacceßible,
Tigresse, tu mourras, & malgré ton sçauoir
Mon amour te verra sousmise à son pouuoir,
Mes yeux se repaistront des horreurs de ta peine,
Ainsi le veut Creüse, ainsi le veut ma haine,
Mais quoy? ie vous escoute, impuissantes chaleurs,
Allez, n'adioustez plus de comble à mes malheurs,
Entreprendre vne mort que le Ciel s'est gardée,
C'est preparer encor vn triomphe à Medée
Tourne auec plus d'effet sur toy mesme ton bras,
Et puny toy Iason, de ne la punir pas,
Vains transports où sans fruit mon desespoir s'amuse,

Cessez de m'empescher de reioindre Crëuse,
Ma Reine, ta belle ame, en partant de ces lieux
M'a laissé la vangeance, & ie la laisse aux Dieux,
Eux seuls, dont le pouuoir esgale la iustice
Peuuent de la sorciere acheuer le supplice,
Trouuele bon chere ombre & pardonne à mes feux
Si ie te vay reuoir plustost que tu ne veux.

FIN.

www.ingramcontent.com/pod-product-compliance
Lightning Source LLC
LaVergne TN
LVHW012023220826
846092LV00001B/471